Ein Sonderband der Herderbücherei

Adalbert Ludwig Balling

Wo das Glück zu Hause ist

Fotografie und Gestaltung
Werner Bleyer

Herderbücherei

Für R. *und meine* Freunde
nah und fern

1. *Auflage* September 1985
2. *Auflage* Oktober 1985
3. *Auflage* Dezember 1985
4. *Auflage* Juli 1986
5. *Auflage* Februar 1987
6. *Auflage* November 1987
7. *Auflage* Januar 1989

Originalausgabe
erstmals veröffentlicht als Herder-Taschenbuch

Herder Freiburg · Basel · Wien
Satz: I. Springmann, Waiblingen
Herstellung: Freiburger Graphische Betriebe 1989
ISBN 3-451-20508-4

Ich habe
wirklich vor,
ständig an der
Ermöglichung
von etwas Gutem,
Richtigem,
Schönem
zu arbeiten,
an diesen
winzigen
Anstiftungen
zum Glück.

Gabriele Wohmann

Das **Glück**
ist nicht hier
oder dort –
nicht in den Palästen
der Reichen,
nicht in den Schulen
und Universitäten,
nicht auf den Fußballplätzen
und Rennbahnen,
nicht in Ost und West,
Nord oder Süd –
das Glück
ist immer
und zutiefst
in deinem eigenen Herzen.

Wohin du auch gehst –
wie du dich selbst mitnimmst,
nimmst du dein Glück mit dir.

Dein Glück
ist dein Geheimnis;
wahre es;
hege es;
betreue es.

Dein Glücks-Ort
bist du selbst;
nur wenn du zu dir selbst
findest,
findest du dein Glück.

Dein Glück
ist »die Harfe deiner Seele« (Gibran).

Laß nicht zu,
daß du jemandem begegnest,
der nicht nach der Begegnung
mit dir
glücklicher geworden ist!

Mutter Teresa

Glück ist
ur-tiefes Einssein,
Sich-Eins-Fühlen,
Sich-Eingebettet-Wissen
in das Leben,
in die Liebe,
in die Freundschaft,

in das **Ja**
zum Leben.

Ohne Sonne,
ohne Licht,
ohne Wärme,
ohne Freude –
kann der Mensch
nicht leben.

Wende dein Gesicht
der Sonne zu,
saug dich voll
mit Wärme,
mit Licht,
mit Helle,
mit Freude –
und gib sie weiter.

Sei wie die Sonne –
Wärme, Licht, Kraft
für jene,
die dir nahestehen,
die dich brauchen.

Um Freude
bei uns einkehren zu lassen,
müssen wir täglich
Freude *verschenken.*

Eigenschaften,
die dich das werden lassen,
was du bist
und immer werden willst –
jeden Tag ein wenig mehr.

Ich wünsche dir genügend Erholung
und ausreichend Schlaf,
Arbeit, die Freude macht,
Menschen, die dich mögen
und bejahen
und dir Mut machen,
aber auch Menschen,
die dich bestätigen,
die dich anregen,
die dir Vorbild sein können,
die dir weiterhelfen,
wenn du traurig bist
und müde
und erschöpft.

Ich wünsche dir viele gute Gedanken
und ein Herz,
das überströmt in Freude
und diese Freude
weiterschenkt . . .

Wende dein Gesicht
der Sonne zu,
dann fallen die Schatten
hinter dich!

Sprichwort aus Thailand

Wo das Glück zu Hause ist,
da dürfen Blumen lächeln,
Schmetterlinge jodeln,
Bäume tanzen,
Bäche klatschen,
Wiesen weinen,
Berge hüpfen,
Sterne winken . . .

Wo das Glück zu Hause ist,
da führt die Freude
den Reigen an.

Wo das Glück zu Hause ist,
ist das Leben
eine Liebeserklärung
an das Leben.

Das kleine Glück
des Tages
liegt vor dir:

Die Sonne scheint –
für dich!

Die Rosen blühen –
für dich!

Die Vögel singen –
für dich!

Die Sterne funkeln –
für dich!

Glücklich

ist einer,
der sich einredet,
er zähle zu den hundert
glücklichsten
Menschen *auf* Erden. –
Wahrscheinlich
stimmt es sogar.

Sava
vi spiega

Glücklich sein –
ist ein »Talent
für das Schicksal« (Novalis);

glücklich sein –
ist Arbeit
an sich selbst.

Vielleicht
kann man glücklich sein,
wenn man es sein will.
Und ich hab einmal gelesen,
man könne das Glück auch lernen.
Das hat mir gefallen.

Theodor Fontane

GLÜCKLICH *ist einer,*
der solange darauf warten kann,
an einem Veilchen *zu riechen,*
bis der darauf sitzende Schmetterling
davongeflogen ist.

GLÜCKLICH *ist einer,*
der trotz zerschlissener Hose
und Löchern *in den* Socken
daran glaubt,
daß es Menschen *gibt,*
die noch weniger besitzen als er –
und auch nicht unglücklich sind.

GLÜCKLICH *ist einer,*
der auf einer grünen Wiese
im hohen Grase *liegt,*
mit den Beinen *in die* Luft *strampelt,*
die Blumen *riecht,*
sich den Wind *durchs* Haar *streichen läßt,*
die Wolken *vorbeiziehen sieht*
und in die Ferne *träumt.*

GLÜCKLICH *ist einer,*
der einen ganzen Tag *lang nichts tut,*
ohne das leidige Gefühl *zu haben,*
es sei ein vergeudeter Tag *gewesen.*

GLÜCKLICH *ist einer,*
der vom Kleinen Prinzen *träumt*
und glaubt,
daß wir Menschen
nur mit dem Herzen
gut sehen.

GLÜCKLICH *ist einer,*
der liebt,
immer wieder liebt. –
Lieben *können*
und lieben dürfen
ist eine der schönsten Gaben
des Menschen.

Freue dich am Morgen
über die aufgehende Sonne,
freue dich mittags
über die Blumen und Kinder,
freue dich am Abend
über die funkelnden Sterne
und den silberschimmernden
Mond.

Glück ist dort zu Hause,
wo Menschen sich mögen;
wo Menschen sich lieben;
wo Menschen miteinander reden;
wo Menschen einander helfen;
wo Menschen gut sind zueinander;
wo Menschen das Brot miteinander teilen;
wo Menschen füreinander beten;
wo Menschen die Nähe Gottes spüren . . .

Seine Freude
in der Freude des anderen
finden können, das ist
das **Geheimnis**
des Glücks.

Georges Bernanos

Glück und Unglück

Eines Tages lief einem Bauern
das einzige Pferd fort
und kam nicht mehr zurück.
Da hatten die Nachbarn Mitleid
mit dem Bauern und sagten:
»Du Ärmster!
Dein Pferd ist weggelaufen –
welch ein Unglück!«

Der Landmann antwortete:
»Wer sagt denn,
daß dies ein Unglück ist?« –
Und tatsächlich kehrte
nach einigen Tagen
das Pferd zurück
und brachte ein Wildpferd mit.

Jetzt sagten die Nachbarn:
»Erst läuft dir das Pferd weg –
dann bringt es noch ein zweites mit!
Was hast du bloß für ein Glück!«

Der Bauer schüttelte den Kopf:
»Wer weiß, ob das Glück bedeutet?«

Das Wildpferd wurde
vom ältesten Sohn des Bauern
eingeritten; dabei stürzte er
und brach sich ein Bein.
Die Nachbarn eilten herbei
und sagten:
»Welch ein Unglück!«

Aber der Landmann gab zur Antwort:
»Wer will wissen,
ob das ein Unglück ist?«

Kurz darauf kamen die Soldaten des
Königs und zogen alle jungen Männer
des Dorfes für den Kriegsdienst ein.
Den ältesten Sohn des Bauern
ließen sie zurück –
mit seinem gebrochenen Bein.

Da riefen die Nachbarn:
»Was für ein Glück!
Dein Sohn wurde nicht eingezogen!«

Glück und Unglück
wohnen eng beisammen,
wer weiß schon immer sofort,
ob ein Unglück
nicht doch ein Glück ist?

Freu dich!

Freu dich an der Freude
am Dasein,

freu dich an der Freude
am Sosein,

freu dich an der Freude
am Leben!

Glücklich,
wer Freude *im* Herzen
wecken kann.

Schenk dir doch das kleine Glück –
die ersten warmen Sonnenstrahlen
im Frühling,
den glitzernden Regentropfen
an der Fensterscheibe,
den strahlenden Sternenhimmel
am nächtlichen Firmament.

Schenk dir doch das kleine Glück –
den Klang der Glocken,
das Brausen der Orgel,
das Lachen der Kinder,
die freundlichen Worte
guter Menschen.

Schenk dir doch das kleine Glück –
den Ruf des Kuckucks im Walde,
das muntere Springen der Hasen,
das Glucksen des Bergbaches,
die Freude der Bienen
nach einem erfrischenden Sommerregen,
die Stille der mondhellen Nacht.

Schenk dir doch das kleine Glück –
strahle, funkle, leuchte!

Wende dein Gesicht der Sonne zu –
wirf die Schatten hinter dich!

Glücklich ist,
wer sich bei Sonnenuntergang
über die aufgehenden Sterne
freut.

Glück ist dort,
wo man bereit ist,
das **Leben**
zu wagen.

Das Glück
gelingt nur denen,
die es nicht festhalten.

Glück selbst ist auch
eine Leistung;
und nur der Anständige
kann wahrhaft glücklich
sein.

Viktor E. Frankl

Glücklich ist einer,
der Freunde hat
und anderen Freund sein darf.

Glücklich ist einer, der
»Danke« sagt,
wenn ihm ein blinder Bettler
die Hand drückt
für die empfangene Gabe.

Glücklich ist einer,
der gelegentlich
das Radio abstellt,
weil er selbst ein Liedchen
trällern möchte.

Viele Menschen wissen,
daß sie unglücklich sind,
aber noch mehr Menschen
wissen nicht,
daß sie glücklich sein
könnten!

Albert Schweitzer

Heiterkeit

und Glück,
Glück und Gelassenheit,
Gelassenheit und Freude,
Freude und Liebe
entstammen derselben Wurzel –
der Güte.

Glück läßt sich
nicht festhalten.
Glück ist wie eine Schneeflocke –
hältst du sie fest,
zerschmilzt sie
im Handumdrehen.

Glück muß man
täglich neu erwerben.

Freude und Gelassenheit
sind Vorboten des Glücks;
Güte ist ihr Fundament.

Glück ist dort,
wo die Seele
den Körper liebkost;
wo Freude und Dankbarkeit
ein Tänzchen aufführen;
wo Liebe
der Güte
die Hand reicht;
wo Trauer sich nicht
festbeißt,
sondern in Sehnsucht
hinüberlangt
nach ewiger Liebe.

Das Glück ist kein Kontinent,
nur eine kleine tapfere Insel,
die sich der Wildheit und Gnade
des Ozeans anvertraut.

Christine Busta

Schenk dir doch das kleine Glück –
freue dich mit den Fröhlichen,
lache mit den Lachenden,
höre auf das Gurren der Tauben,
vernimm das Säuseln des Windes,
träume deine Lieblingsträume,
mache den Mond zu deinem Vertrauten,
winke den Sternen.

Schenk dir doch das kleine Glück –
lobe den heutigen Tag,
freue dich am dampfenden Essen,
danke für die Aufmerksamkeit
deiner Lieben,
labe dich an einem kühlen Eis,
bewundere die Pracht der Blumen,
staune über die Unbeschwertheit
der Kinder,
male die Freude auf dein Gesicht,
feiere ein Fest – heute!

Glück ist bei denen,
die im Sommer
Sonnenstrahlen sammeln
für den kommenden Winter,

die Kälte
mit Liebe aufwiegen.

Schenk dir doch
das kleine Glück –
sag ja zu der Stunde,
die du jetzt lebst,
sag ja zu den Menschen,
die du jetzt triffst,
sag ja zu der Arbeit,
die du jetzt tust,
sag ja zu dir selbst.

Glück ist, ja sagen
zu Gott und der Welt,
ja
zu sich
und den anderen.

Glücklich ist einer,
der bereit ist,
Zeit
zu verschenken,
auch wenn er
keine hat.

Die Sonnenblume

Eine ältere Dame,
etwas kränkelnd,
aber nicht bettlägerig,
wohnte in einem engen Zimmer – genau
eine Etage unter ihrer Vermieterin,
die mit fast allen anderen Hausbewohnern
im Streit lag.

Da überlegte die Dame,
wie sie wohl der Vermieterin
ein wenig näherkommen könnte:
Wenn sie an ihrer Tür läutete,
wurde ihr nicht aufgemacht;
wenn sie versuchte,
sie übers Telefon zu erreichen,
wurde nicht abgehoben.

So erging es allen im Hause.

Da hatte die Dame eine Idee.

Sie pflanzte eine Sonnenblume
in einen großen Topf
und stellte ihn auf ihren Balkon.

Die Blume wuchs sehr schnell,
und bald erreichte sie den oberen Stock –
den Balkon der Vermieterin.
Und als die Sonnenblume
zu blühen begann
– die ältere Dame begoß sie täglich –
da leuchtete die Blüte
genau auf der Höhe des oberen Balkons,
wo die Vermieterin wohnte.

Da freute sich diese so sehr,
daß sie hinunterging
und sich für die Sonnenblume
bedankte.

So kamen sie ins Gespräch –
und alle Hausbewohner schmunzelten
erleichtert –,
über den Trick der Dame
mit der Sonnenblume . . .

Glück ist dort zu Hause,
wo Geduld
und Gelassenheit
und Ehrfurcht
und Demut
und Zärtlichkeit
und Liebe
nicht ausgesperrt werden.

Wer **Freude**
genießen will,
muß sie teilen.
Das Glück
wurde als Zwilling
geboren.

Lord Byron

Glück ist Liebe, nichts anderes.

Hermann Hesse

Aus vielen Fäden gewoben

Glück,
Zufriedenheit,
Lebensfreude –
ist nicht allein die Abwesenheit
von Schmerz, Angst, Finsternis.

Glück ist nicht aus einem einzigen
Material gewoben;
es besteht aus vielen Fäden –
wie ein indischer Sari.
Es ist bunt
wie eine Batikarbeit.

Auch Schmerz,
auch Leid,
auch Krankheit
kann ein Faden Glück sein.

(nach Hans Habe)

Nimm dein Glück in die Hände,

bejahe das Leben,
suche Wärme und Licht,

verschenke **Freude**
und **Liebe.**

Hilf denen, die dich brauchen,
preise Gott,
den Schöpfer alles Guten.

GLÜCK *ist –*
einen Menschen *kennen,*
von dem du sagen kannst:
Ich *bin froh,*
daß es ihn gibt!

GLÜCK *ist –*
daran glauben,
daß es nie im Leben
zu spät ist,
neu zu beginnen.

GLÜCK *ist –*
sein Glück
mit anderen
teilen.

GLÜCK *ist –*
zu wissen,
daß es Menschen *gibt,*
die für dich beten.

Sobald wir verstanden haben,
daß das Geheimnis des Glücks
nicht im Besitz liegt,
sondern im Geben,
werden wir, indem wir
um uns herum glücklich machen,
selbst glücklich werden.

André Gide

Glück ist,
am Ende seines Lebens
die Worte sagen zu können:

Ich bin

dankbar,

daß ich geboren wurde;
es war schön,
leben zu dürfen.

Schenke uns ein großes Herz

Es gibt so viele,
die heute enttäuscht werden.
Enttäuscht von Menschen –
auch von jenen,
die sie lieben …

Herr, gib uns die Kraft,
immer wieder neu zu hoffen,
immer wieder neu zu vertrauen,
immer wieder neu zu beginnen.

Schenke uns ein großes Herz,
das bereit ist
zu verzeihen,
zu vertrauen,
zu lieben –
täglich von neuem.
Beglücke uns
mit deiner Liebe
und mit deiner Freude.
Nimm hinweg von uns
die Schatten des Lebens;
mache uns hell,
der Sonne zugewandt – dir,
dem Licht alles Lebenden.

Glücklich ist einer,
der Freunde hat,
bei denen er
die Schuhe ausziehen
und, wenn ihn dürstet,
ohne zu fragen –
eine Flasche Bier
aus dem Kühlschrank
holen darf.

Ich *wünsche* dir

Ich *wünsche dir* Augen,
die die kleinen Dinge
des Alltags *wahrnehmen*
und ins rechte Licht *rücken*.

Ich *wünsche dir* Ohren,
die die Schwingungen *der* Untertöne
im Gespräch *mit anderen aufnehmen*.

Ich *wünsche dir* Hände,
die nicht lange zögern,
zu helfen und gut zu sein.

Ich *wünsche dir*
zur rechten Zeit
das richtige Wort.

Ich *wünsche dir ein liebendes* Herz,
von dem du dich leiten läßt.

Ich *wünsche dir*:
Freude, Zuversicht,
Liebe, Gelassenheit,
Glück, Demut.

Ich *wünsche dir* Güte –

Dein Glück hat Flügel.
Wie deine Seele
sehnt sich dein Glück danach,
mit dir davonzufliegen –
ewigem Glück entgegen.

Adalbert Ludwig Balling, Mariannhiller Missionar, Jahrgang 1933, bis 1965 in der Rhodesien/Simbabwe-Mission, Rektor und Prinzipal einer Station mit High School; 1965/66 Ausbildung als Journalist, Redaktion des Missionsmagazins »mariannhill« (mmm); Informationsreisen auf allen Erdteilen.

Werner Bleyer, Jahrgang 1933, Ausbildung als Typograf und Grafik-designer. Als Fotograf Autodidakt (Mitglied der PhGF). 1954–1956 in Pompei (Süditalien), 1956–1960 in Frankfurt/Main, seit 1960 wieder in seiner Heimatstadt Freiburg.